Novena

VIRGEN de la MEDALLA MILAGROSA

Por Laila Pita

www.solonovenas.com
#2500-585

UN POCO DE HISTORIA

Catalina Labouré, joven novicia de la Compañía de las Hijas de la Caridad. Esta congregación se distinguía por la práctica de sencillez, humildad y caridad. Catalina fue elegida por la Virgen María para que difundiera la Medalla Milagrosa. Por medio de tres apariciones que tuvieron lugar en la capilla del convento en París Francia, en el año 1830. La primera aparición fue la noche del 18 de julio de 1830. "Venid al pie del altar, aquí se os darán todas las gracias si lo pedís con confianza". Dijo la Virgen María a Catalina, que fue guiada por el Ángel guardián ante ella. La segunda aparición fue en la tarde del 27 de noviembre de 1830, en la capilla de las Hijas de la Caridad, mientras meditaba, la Virgen le mostró estas palabras en letra de oro: "¡OH MARÍA SIN PECA-

2

DO CONCEBIDA, RUEGA POR NOSOTROS QUE RECURRIMOS A VOS"! para indicarle como debía acuñar las monedas. La tercera fue en una tarde del 27 de diciembre de 1830, "ya no me verás más" La Virgen dijo esto a Catalina y desapareció. Ella acuñó la Medalla y propagó su devoción. La Medalla se ha extendido en todos los continentes.

MILAGRO

En la Sierra del Perú, había un matrimonio con un bebé enfermo de neumonía en estado grave. No tenían la posibilidad de llevarlo a un hospital de algún poblado cercano, ya que ahí no había médico. La madre tomó al niño y lo llevó a la iglesia para consagrarlo a la Virgen, con la promesa de que cuando creciera sería sacerdote. A los tres días el pequeño estaba completamente curado. Cuando creció, en un principio no aceptó ir al Seminario, pero el Señor lo guió y se ordenó cuando contaba con 29 años de edad el 17 de marzo de 2004.

ORACIÓN DIARIA

Santa Virgen María, tu Moneda fue acuñada, por Catalina bien amada. Virgen milagrosa yo beso tu frente. Te llevo en mi corazón y te tengo siempre presente. Para ser feliz me basta con tu mirada. Bendice mi espíritu con tu aura dorada. Haz que goce de salud con tu poder excelente, en cuerpo, espíritu y mente. Por grandes artistas tu imagen ha sido pintada y a todos los hogares has sido invitada. Te dedico esta novena, porque te amo realmente, permíteme acariciar tu mano suavemente.

HAGA SU PETICIÓN

Aquí estoy hincado a tus pies. Con la luz de tus quinqués que no tienen comparación alumbra a este humilde feligrés que viene a hacerte esta petición.

Te ruego con todo mi corazón me concedas... (Se hace la petición)

Esto es un asunto de interés te suplico tu atención me des. Concédeme lo que te pido en esta ocasión y con tu divina protección me ayudes, para que seas tú siempre mi salvación.

Padre Nuestro, que estás en el cielo, santificado sea tu nombre; venga a nosotros tu reino; hágase tu voluntad, en la tierra como en el cielo. Danos hoy nuestro pan de cada día; perdona nuestras ofensas, como también nosotros

perdonamos a los que nos ofenden; no nos dejes caer en la tentación, y líbranos del mal. Amén.

Dios te salve, María, llena eres de gracia, el Señor es contigo. Bendita tú eres entre todas las mujeres, y bendito es el fruto de tu vientre: Jesús. Santa María, Madre de Dios, ruega por nosotros, pecadores, ahora y en la hora de nuestra muerte. Amén.

Gloria al Padre, al Hijo y al Espíritu Santo. Como era en el principio, ahora y siempre, por los siglos de los siglos. Amén.

DÍA PRIMERO

Virgen de la Medalla Milagrosa, por tu amor y tus poderes, famosa. Te imploro te mantengas a mi lado, para que mi espíritu esté cuidado. Consérvalo vigoroso y fresco como una rosa. Adorada Virgen maravillosa, que todo lo que haga para sentirme bien de resultado y para enfrentarme al mundo esté preparado, que a mi alma llegue solo la información valiosa, que todo sea mejor que en el pasado, aquello que no sea bueno quede olvidado. Idolatrada Virgen piadosa.

Padre Nuestro, que estás en el cielo, santificado sea tu nombre; venga a nosotros tu reino; hágase tu voluntad, en la tierra como en el cielo. Danos hoy nuestro pan de cada día; perdona nuestras ofensas, como también nosotros perdonamos a los que nos ofenden; no nos dejes caer

8

en la tentación, y líbranos del mal. Amén.

Dios te salve, María, llena eres de gracia, el Señor es contigo. Bendita tú eres entre todas las mujeres, y bendito es el fruto de tu vientre: Jesús. Santa María, Madre de Dios, ruega por nosotros, pecadores, ahora y en la hora de nuestra muerte. Amén.

Gloria al Padre, al Hijo y al Espíritu Santo. Como era en el principio, ahora y siempre, por los siglos de los siglos. Amén.

DÍA SEGUNDO

Santa Mujer de belleza sin igual, de bondad y pureza real. Te pido mantengas mi mente lúcida y serena, para que sea dócil como arena, limpia y transparente como cristal, colmada de tranquilidad espiritual. Madre mía que conoces la vida terrena, haz que siempre sea bella la escena. Permite que permanezca en equilibrio mi vida sentimental y actúe en forma natural, de cosas buenas mi alma llena. Divina Señora tu corazón el amor de todos almacena, tu caridad es bendita y saludable como la hierbabuena.

Padre Nuestro, que estás en el cielo, santificado sea tu nombre; venga a nosotros tu reino; hágase tu voluntad, en la tierra como en el cielo. Danos hoy nuestro pan de cada día; perdona nuestras ofensas,

como también nosotros perdonamos a los que nos ofenden; no nos dejes caer en la tentación, y líbranos del mal. Amén.

Dios te salve, María, llena eres de gracia, el Señor es contigo. Bendita tú eres entre todas las mujeres, y bendito es el fruto de tu vientre: Jesús. Santa María, Madre de Dios, ruega por nosotros, pecadores, ahora y en la hora de nuestra muerte. Amén.

Gloria al Padre, al Hijo y al Espíritu Santo. Como era en el principio, ahora y siempre, por los siglos de los siglos. Amén.

DÍA TERCERO

Divina Flor de grácil figura, nos proteges desde la altura. Adorada Virgen María haz que mi espíritu vibre de energía, con tu poder milagroso que todo cura y que llega hasta la más pequeña criatura. Llenas mi mundo de fantasía, tus bellas palabras son poesía. Dame paz y tranquilidad con tu ternura. Virgen Sagrada ayúdame a actuar en forma madura, dame tu luz en la noche y calor en el día. Tus dulces cuidados alivian la melancolía y das amor con regalía. Mi alma contigo está segura.

Padre Nuestro, que estás en el cielo, santificado sea tu nombre; venga a nosotros tu reino; hágase tu voluntad, en la tierra como en el cielo. Danos hoy nuestro pan de cada día; perdona nuestras ofensas, como también nosotros

12

perdonamos a los que nos ofenden; no nos dejes caer en la tentación, y líbranos del mal. Amén.

Dios te salve, María, llena eres de gracia, el Señor es contigo. Bendita tú eres entre todas las mujeres, y bendito es el fruto de tu vientre: Jesús. Santa María, Madre de Dios, ruega por nosotros, pecadores, ahora y en la hora de nuestra muerte. Amén.

Gloria al Padre, al Hijo y al Espíritu Santo. Como era en el principio, ahora y siempre, por los siglos de los siglos. Amén.

DÍA CUARTO

Lucero de la mañana, dulce fruta temprana. Virgen María protégeme toda la semana, libera mi corazón de emociones negativas, llenándolo de cosas objetivas. Dame a beber tu sagrada tisana. Aliméntame con tu comida parnasiana. Ayúdame a ver el mundo en todas sus perspectivas. Escoger solamente las cosas inofensivas. Seguro y positivo asomarme a la ventana, para enfrentar esta vida mundana. Esta novena vengo a ofrecerte porque sé que me darás mejores expectativas. Madre tus bendiciones son significativas. Dama bella y fresca como manzana, pura y buena como mejorana.

Padre Nuestro, que estás en el cielo, santificado sea tu nombre; venga a nosotros tu reino; hágase tu voluntad, en la tierra

14

como en el cielo. Danos hoy nuestro pan de cada día; perdona nuestras ofensas, como también nosotros perdonamos a los que nos ofenden; no nos dejes caer en la tentación, y líbranos del mal. Amén.

Dios te salve, María, llena eres de gracia, el Señor es contigo. Bendita tú eres entre todas las mujeres, y bendito es el fruto de tu vientre: Jesús. Santa María, Madre de Dios, ruega por nosotros, pecadores, ahora y en la hora de nuestra muerte. Amén.

Gloria al Padre, al Hijo y al Espíritu Santo. Como era en el principio, ahora y siempre, por los siglos de los siglos. Amén.

DÍA QUINTO

Agraciada Estrella celestial, iluminas el universo total. Te ofrezco esta novena con todo mi corazón y sentimientos vivos. Te ruego liberes mi alma de pensamientos negativos y la llenes de buenos motivos. Rocía mi espíritu con tu polvo sideral, mientras en las alturas se escucha un canto angelical, para alabarte Señora que con amor a todos mantienes cautivos, por tus procederes compasivos. Sagrada Medalla de fino metal, el beneficio que das para todos es esencial. Señora de dones creativos dame consejos emotivos y un equilibrio ideal.

Padre Nuestro, que estás en el cielo, santificado sea tu nombre; venga a nosotros tu reino; hágase tu voluntad, en la tierra como en el cielo. Danos hoy nuestro pan de cada día;

perdona nuestras ofensas, como también nosotros perdonamos a los que nos ofenden; no nos dejes caer en la tentación, y líbranos del mal. Amén.

Dios te salve, María, llena eres de gracia, el Señor es contigo. Bendita tú eres entre todas las mujeres, y bendito es el fruto de tu vientre: Jesús. Santa María, Madre de Dios, ruega por nosotros, pecadores, ahora y en la hora de nuestra muerte. Amén.

Gloria al Padre, al Hijo y al Espíritu Santo. Como era en el principio, ahora y siempre, por los siglos de los siglos. Amén.

DÍA SEXTO

Perpetua Azucena de blanca tersura, trae a mi vida la buena ventura. Haz que las células de mi cuerpo se renueven Virgen Divina, a mejores y más altos planos de salud con tu medicina. Que esta bendición que te pido sea para mí una armadura, para protegerme de cualquier molestia futura. Permite que mantenga mi cuerpo en buenas condiciones su estructura. Reverenciada Virgen María déjame besar tu celestial vestimenta. Que se escuche el canto de golondrina, Omnipotente Estrella ultramarina, de hermosa y gracia pura.

Padre Nuestro, que estás en el cielo, santificado sea tu nombre; venga a nosotros tu reino; hágase tu voluntad, en la tierra como en el cielo. Danos hoy nuestro pan de cada día; perdona nuestras ofensas,

como también nosotros perdonamos a los que nos ofenden; no nos dejes caer en la tentación, y líbranos del mal. Amén.

Dios te salve, María, llena eres de gracia, el Señor es contigo. Bendita tú eres entre todas las mujeres, y bendito es el fruto de tu vientre: Jesús. Santa María, Madre de Dios, ruega por nosotros, pecadores, ahora y en la hora de nuestra muerte. Amén.

Gloria al Padre, al Hijo y al Espíritu Santo. Como era en el principio, ahora y siempre, por los siglos de los siglos. Amén.

DÍA SÉPTIMO

Respetada y venerada Madre de Jesús dame de beber tu vino, para encontrar mi camino, que yo como un todo me mantenga vibrante de energía positiva brillante. Sé tú Madre mía quien trace mi destino. Protégeme de cualquier cambio repentino. Señora de andar elegante, tienes un corazón gigante y para todo un gesto fino. Medalla Milagrosa de blanco platino, te ofrendo esta novena para que de aquí en adelante, seas para mí ante Dios mediante. Eres el Lucero que alumbra mi sino, tu amor es genuino.

Padre Nuestro, que estás en el cielo, santificado sea tu nombre; venga a nosotros tu reino; hágase tu voluntad, en la tierra como en el cielo. Danos hoy nuestro pan de cada día; perdona nuestras ofensas, como también nosotros

20

perdonamos a los que nos ofenden; no nos dejes caer en la tentación, y líbranos del mal. Amén.

Dios te salve, María, llena eres de gracia, el Señor es contigo. Bendita tú eres entre todas las mujeres, y bendito es el fruto de tu vientre: Jesús. Santa María, Madre de Dios, ruega por nosotros, pecadores, ahora y en la hora de nuestra muerte. Amén.

Gloria al Padre, al Hijo y al Espíritu Santo. Como era en el principio, ahora y siempre, por los siglos de los siglos. Amén.

DÍA OCTAVO

Hoy Virgen de la Medalla Milagrosa te vengo a rogar, que tus milagros lleguen a los seres que me han de rodear, haz que reciban salud física, mental y espiritual, con tu cariño especial, para que puedan una buena vida llevar. Por ellos ante Dios tú has de mediar. Señora mía estoy parado en el umbral de tu santo cielo por tu ayuda excepcional. Santísima Medalla déjalos junto a ti la paz encontrar, todo el mal que llegue sean capaces de expulsar.

Padre Nuestro, que estás en el cielo, santificado sea tu nombre; venga a nosotros tu reino; hágase tu voluntad, en la tierra como en el cielo. Danos hoy nuestro pan de cada día; perdona nuestras ofensas, como también nosotros perdonamos a los que nos ofenden; no nos dejes caer

22

en la tentación, y líbranos del mal. Amén.

Dios te salve, María, llena eres de gracia, el Señor es contigo. Bendita tú eres entre todas las mujeres, y bendito es el fruto de tu vientre: Jesús. Santa María, Madre de Dios, ruega por nosotros, pecadores, ahora y en la hora de nuestra muerte. Amén.

Gloria al Padre, al Hijo y al Espíritu Santo. Como era en el principio, ahora y siempre, por los siglos de los siglos. Amén.

DÍA NOVENO

Esta novena te dedico con el corazón en la mano, por mi pariente y mi hermano, para pedirte les des salud en espíritu, cuerpo y mente, en el futuro y en el presente, sin importar que esté cercano o lejano, sea en invierno, primavera o verano. Medalla Milagrosa dales el agua viva de tu fuente. Reverenciada Señora de rostro sonriente, vendré a verte continuamente. Seguro estoy que mi ruego no será en vano y que bendices a todo el cristiano, con amor sorprendente.

Padre Nuestro, que estás en el cielo, santificado sea tu nombre; venga a nosotros tu reino; hágase tu voluntad, en la tierra como en el cielo. Danos hoy nuestro pan de cada día; perdona nuestras ofensas, como también nosotros perdonamos a los que nos

24

ofenden; no nos dejes caer en la tentación, y líbranos del mal. Amén.

Dios te salve, María, llena eres de gracia, el Señor es contigo. Bendita tú eres entre todas las mujeres, y bendito es el fruto de tu vientre: Jesús. Santa María, Madre de Dios, ruega por nosotros, pecadores, ahora y en la hora de nuestra muerte. Amén.

Gloria al Padre, al Hijo y al Espíritu Santo. Como era en el principio, ahora y siempre, por los siglos de los siglos. Amén.

ORACIÓN FINAL

Virgen de la Medalla Milagrosa, bella y dulce margarita, hoy vengo a hacerte una visita, para entregarte esta novena con amor verdadero. Ante ti dulce Señora me quito el sombrero. Te imploro Madre Santa veas por mi salud, para que siempre esté con tu amor bendita. Que mi cuerpo y mi espíritu entero sea tocado por tu sagrada varita, para mantenerlo sano y fuerte como malaquita. Divino Lucero con tu luz ilumina mi sendero, recibe mi amor sincero. Tierna Mujer de cara bonita, entre todas la más erudita.

Padre Nuestro, que estás en el cielo, santificado sea tu nombre; venga a nosotros tu reino; hágase tu voluntad, en la tierra como en el cielo. Danos hoy nuestro pan de cada día; perdona nuestras ofensas,

como también nosotros perdonamos a los que nos ofenden; no nos dejes caer en la tentación, y líbranos del mal. Amén.

Dios te salve, María, llena eres de gracia, el Señor es contigo. Bendita tú eres entre todas las mujeres, y bendito es el fruto de tu vientre: Jesús. Santa María, Madre de Dios, ruega por nosotros, pecadores, ahora y en la hora de nuestra muerte. Amén.

Gloria al Padre, al Hijo y al Espíritu Santo. Como era en el principio, ahora y siempre, por los siglos de los siglos. Amén.

Papá Dios: que tu sabiduría nos guíe; que tu luz ilumine nuestro camino; que tu amor nos de paz; que tu poder nos proteja, y que por donde quiera que caminemos, tu presencia nos acompañe. Gracias Papá Dios que ya nos oíste. Amén.

www.ingramcontent.com/pod-product-compliance
Lightning Source LLC
Chambersburg PA
CBHW070636150426
42811CB00050B/328